A JEREMY

CAPÍTULO 1

LUNES, 29 DE AGOSTO DE 2005
7:00 A.M.
NOVENO DISTRITO SUR,
NUEVA ORLEANS, LUISIANA

El huracán Katrina destruía Nueva Orleans. El joven Barry Tucker, de once años, estaba perdido y solo, y se aferraba a un roble con todas sus fuerzas. Se había caído del techo de su casa y la crecida lo había arrastrado. La corriente enfurecida lo había sacudido y revolcado, casi despedazándolo. Estuvo a punto de ahogarse, pero se las agenció para agarrarse de un árbol. Haciendo un gran esfuerzo, logró salir del agua y aferrarse con manos y piernas al tronco.

Ahora trataba de resistir, sin saber qué hacer después.

El viento aullaba a su alrededor mientras la lluvia caía implacable. Todo lo que alcanzaba a ver era agua; revuelta, espumosa, turbulenta. El agua había barrido con su vecindario, dejando solo restos flotantes. En la turbia luz grisácea, pudo ver trozos de madera, vidrios rotos, una bicicleta torcida, un refrigerador, un pingüino de peluche y un colchón cubierto con una manta rosada. Trató por todos los medios de no pensar en qué más podría haber en el agua o qué habría sido de sus vecinos... y de su mamá, su papá y su hermanita Cleo.

¿Y si ellos estaban en su misma situación? ¿Y si...?

¿Qué había sido ese ruido? ¿Alguien lo llamaba por su nombre?

—¡Papá! —gritó—. ¡Mamá! ¡Cleo!

No. Era solo el chillido del viento. Hasta el cielo estaba aterrado con la tormenta.

Barry temblaba. Los ojos se le llenaron de lágrimas. Fue entonces cuando sintió otro ruido: un crujido que se escuchó por encima de la lluvia y el viento. El chico miró, conmocionado, lo que flotaba en el agua.

Era una casa, o lo que quedaba de ella. Uno de sus lados se había desprendido. La casa se movía lentamente, dando vueltas. Las ventanas reventadas parecían mirarlo. La madera astillada semejaba los dientes de una boca abierta, y venía justo hacia él.

CAPÍTULO 2

21 HORAS ANTES
DOMINGO, 28 DE AGOSTO DE 2005
10:00 A.M.
CASA DE LOS TUCKER,
NOVENO DISTRITO SUR,
NUEVA ORLEANS, LUISIANA

Barry estaba sentado en los escalones de la entrada de su casa. Su mejor amigo, Jay, estaba sentado muy cerca de él. Quería ver el dibujo que Barry tenía enrollado en las manos.

—¡Muéstramelo! —dijo Jay, acercándose tanto que Barry hasta podía oler su aliento a sándwich de huevo.

El chico lo apartó de un codazo, riendo. Sabía que Jay estaba ansioso. Ambos lo estaban. La fecha límite del concurso "Crea un superhéroe", patrocinado por Acclaim Comic Books, era al día siguiente.

Durante las últimas tres semanas, Barry y Jay habían estado trabajando sin parar en su creación. Todo lo habían ideado juntos: el nombre del héroe, su traje, incluso su estrella secreta, que era la fuente de sus magníficos poderes; pero había sido Barry quien lo había dibujado. No había pegado un ojo las tres últimas noches, dándole los toques finales al dibujo.

—Está bien —dijo Barry, aclarándose la garganta y poniéndose de pie como un presentador frente a un público ansioso—. Este es el momento esperado por todos. Señoras y señores, ¡les presento a Akivo!

Desenrolló el papel y vio los ojos de Jay agrandarse detrás de sus rayadas gafas.

Barry se sonrojó. Había trabajado muy duro en ese dibujo. Por supuesto, nunca le confesaría a Jay que Akivo era como su hermano.

Un hermano de siete pies con enormes músculos, alas de halcón, armadura de titanio y ojos que podían ver a través de las paredes.

Jay se puso de pie.

—Es increíble —susurró conmocionado—. Las alas parecen de verdad. Y el fuego... —Señaló las llamas que salían de las botas plateadas de Akivo.

Durante tres horas, Barry había trabajado en esas llamas, mezclando anaranjado, rojo y amarillo con un poco de azul hasta dar la sensación de que uno se quemaría los dedos si las tocaba.

Los chicos se quedaron de pie, contemplando el dibujo durante un buen rato.

Entonces Jay comenzó a saltar.

—¡Vamos a ganar el concurso! —gritó—. ¡Vamos a ganar el concurso!

Barry también empezó a saltar. Sabía que habría

cientos de participantes, y no solo niños. Algunos dibujaban en computadora, otros hacían videos. Él solo tenía los lápices de colores que sus padres le habían regalado por su último cumpleaños.

Aun así, tenía fe, algo que había heredado de su mamá, y en ese momento quiso creer que Jay y él podrían ganar el primer premio: $250 y el cómic que Acclaim crearía con Akivo como protagonista. A ambos chicos los apasionaban los cómics, los coleccionaban desde que aprendieron a leer.

—¡Vamos a ser ricos! —canturreó Jay.

—¡Y famosos! —dijo Barry.

Estaban tan ocupados saltando, bailando y gritando que no notaron que Abe Mackay y su perro asesino, Cruz, los miraban desde la acera... hasta que la risa de Abe llamó la atención de los chicos.

Abe era alto y corpulento, medía casi el doble de tamaño que Barry. Su risa estridente prácticamente removió el suelo.

Los chicos se quedaron petrificados. A Barry se le puso la piel de gallina y la piel color chocolate de Jay se volvió gris.

Abe estaba en la escuela intermedia y era apenas un año mayor que ellos. Antes los tres eran amigos, pero, hacía dos años, cuando su papá se fue, Abe había cambiado. Ahora él y su abuela vivían solos.

La casa de los Mackay había sido una de las más bonitas del vecindario. Estaba pintada de azul celeste brillante. La abuela de Abe tenía el patio lleno de flores que se podían oler a una cuadra de distancia.

Sin embargo, ahora el jardín estaba muerto y la casa lucía sombría. Abe apenas iba a la escuela y comenzó a salir con los chicos mayores, cuyas escandalosas motocicletas no dejaban dormir a nadie.

También tenía un perro. Era un chucho enorme con la cabeza cuadrada y las orejas dobladas. Abe decía que era de una raza especial de Asia entrenada por el ejército chino y que sus mandíbulas eran tan fuertes que podía romper el metal con los dientes.

"Está entrenado para matar —alardeaba todo el tiempo—. A mis órdenes, ataca directo al cuello. Una mordida es más que suficiente".

—¿Por qué dejaron de bailar? —les preguntó Abe a los chicos, escupiendo en la acera—. ¡A Cruz le encanta bailar! —Se agachó para zafar la correa del perro—. ¡Corre! —gritó—. ¡Atrápalos, Cruz!

CAPÍTULO 3

Barry se volteó y se cubrió la cara con las manos, preparándose para sentir los dientes del animal desgarrándole el cuello, pero no sucedió nada.

Abrió los ojos y vio que Cruz aún llevaba puesta la correa. El perro no se había movido del lado de Abe, que estaba muerto de la risa.

¿Por qué le daba tanto placer asustarlos? Barry deseó tener valor para gritarle: "¡Fuera de mi propiedad!".

Lo había practicado en el espejo del baño,

poniendo una mirada agresiva que le diera aspecto de autoridad.

Pero ¿a quién iba a engañar? Se veía tan frágil como una de las galletas de mantequilla de maní de su mamá.

Si al menos se pareciera un poco más a su padre. Nadie se metía con Roddy Tucker.

De repente, como si sus pensamientos hubieran salido en busca de ayuda, la puerta de entrada se abrió y apareció su papá.

—Hola, Abraham —dijo el hombre, con una sonrisa.

Abe haló a Cruz de un tirón y de su cara desapareció la expresión de "¿qué miras?". De pronto pareció ser el de antes, el chico regordete vestido con una camiseta de los Saints que trataba de enseñarles a Barry y a Jay cómo hacer tiros al aro.

El señor Tucker tenía ese efecto en la gente. Podía sonreírle a un dinosaurio T. rex y acto seguido estarían haciendo planes para salir a comer hamburguesas. Era famoso en el Noveno Sur: su banda, Roddy Tucker y los Blasters, tocaba en clubes de jazz por toda Nueva Orleans. Pero la mamá de Barry le había dicho a su hijo que no era por eso que la gente lo respetaba.

—Tu padre lleva la música en el corazón —decía siempre—, y todos pueden escucharla.

Ahora su papá lo miraba.

—Salimos en una hora —le dijo—. Necesitas empacar. El huracán se está poniendo feo. Es posible que venga directamente hacia acá, así que tenemos que salir de la ciudad.

Barry miró a su papá. ¿Salir de la ciudad por un huracán?

¡Los Tucker no huían! Nunca. Todos los años, las tormentas fijaban los ojos en Nueva Orleans y siempre terminaban debilitándose en el último minuto.

La ciudad no había visto un huracán peligroso en cuarenta años.

¿Acaso su papá estaría inventando eso para que Abe se fuera?

—Estoy hablando en serio —dijo su papá, notando la indecisión en la mirada de Barry—.

Hay una orden de evacuación obligatoria por primera vez en la historia de Nueva Orleans.

—¿Qué significa eso? —preguntó Jay.

—Significa que si puedes irte, debes hacerlo —dijo el hombre—. Tu mamá ya llamó, Jay. Se van a Birmingham.

—¿Y nosotros? —preguntó Barry.

—A Houston —respondió su papá con una sonrisa apenada.

Barry gruñó. Quería mucho a las primas de su mamá que vivían en Texas, cinco chiquillas salvajes y su madre cascarrabias, pero vivían en una casita diminuta. Siempre regresaba a casa con un intenso dolor de cabeza después de visitarlas. Su papá también. El huracán debía ser realmente peligroso para que sus padres decidieran irse a Houston.

Le echó un vistazo al vecindario: las pequeñas casas, los céspedes desaliñados y delimitados por cercas metálicas, las palmeras y los grandes robles.

A él y a Jay les gustaba imaginar que aquellos

enormes robles eran criaturas milenarias procedentes del centro de la tierra.

Había mejores vecindarios en Nueva Orleans, y en ocasiones sus padres hablaban acerca de la posibilidad de mudarse a una cuadra donde las sirenas de los autos de policía no se escucharan constantemente y donde su mamá pudiera caminar de noche sintiéndose segura, pero su familia había vivido en esta cuadra del Noveno Sur por setenta años. Su abuelo había ayudado a su bisabuelo a construir esta casa en los tiempos en que la gente criaba cerdos en los patios. Es más, él no podía caminar media cuadra sin que alguien lo saludara desde un portal o lo llamara para conversar y brindarle un té helado.

El Noveno Sur era sencillamente su hogar.

Abe comenzó a escabullirse.

—Han abierto el Superdome, Abraham, para las personas que no tienen auto —dijo el señor Tucker—. Debes llevar a tu abuela al estadio tan pronto como puedas.

Abe se despidió con la mano y se fue.

El papá de Barry abrió la puerta de la casa y desde la entrada se escucharon las noticias en la radio.

—"Así es —tronaba la voz del locutor—. Esta tormenta es monstruosa. Es hora de evacuar. ¡Salgan de la ciudad antes de que sea tarde!".

—Ya lo escuchaste —le dijo su papá mientras cerraba la puerta—. Es hora de irnos.

CAPÍTULO 4

Barry sintió un salto en el estómago. Durante varios días, el boletín de noticias había estado advirtiendo sobre lo peligroso que podría ser el huracán Katrina, pero nadie en su casa le había dado importancia. Su papá había estado de gira con su banda por Atlanta. Su mamá trabajaba a tiempo completo en el preescolar de Cleo y, en su tiempo libre, horneaba galletas para algunos restaurantes del Barrio Francés, el elegante vecindario al otro lado del canal. En cuanto a él, estaba totalmente enfocado en Akivo. Si un tornado se hubiera llevado la casa, no se hubiera enterado.

Pero ahora la cabeza comenzaba a darle vueltas.

Como todos en Nueva Orleans, comprendió lo que podía suceder si un fuerte huracán los azotaba. La ciudad estaba rodeada de agua. El Canal Industrial se encontraba a solo dos cuadras de su casa. El gran lago Pontchartrain quedaba al norte. El río Misisipi atravesaba la ciudad, y había tantos otros canales y cauces por aquí y por allá que le era imposible conocerlos todos. También había diques: grandes muros de barro y cemento que protegían la ciudad de toda esa agua. Pero, según algunos, los diques no eran lo suficientemente fuertes para resistir una gran tormenta.

Barry pensó en el huracán Betsy, que había azotado Nueva Orleans el año antes que su papá naciera. A su abuelo le encantaba contar historias del huracán Betsy. Él y su abuela vivían entonces en esta misma casa. El dique se rompió y el Noveno Sur se inundó. El agua llegó a cuatro pies de altura en la sala de la casa. Les tomó seis meses poder arreglarlo todo, pero su abuelo siempre estuvo orgulloso de cómo la casa resistió los fuertes vientos.

—Apenas perdió una teja —le gustaba decir, dándole una palmadita a una pared, de la misma manera en que se la daría a un fiel amigo.

Cuando Barry era pequeño, esas historias lo fascinaban, pero siempre le sonaban a historias de fantasmas o cuentos de hadas, historias que nunca se harían realidad.

Ahora tenía dudas...

—¡Barry! —dijo Jay, agitando las manos frente a la cara del chico—. ¡Regresa!

—Disculpa —dijo Barry, volviendo a la realidad.

—¿Qué pasará con Akivo?

Habían planeado ir al correo al día siguiente, después de la escuela, para enviar el paquete a las oficinas de Acclaim en Nueva York. El verano anterior, Barry había visitado esa ciudad con su papá. El presidente de un famoso instituto neoyorquino se la pasaba invitando a su papá a dar charlas sobre el jazz de Nueva Orleans.

—Lo enviaré mañana —dijo—, desde Houston.

—Yo lo haré —dijo Jay, estirando la mano—. Lo enviaré desde Birmingham.

Se miraron sin moverse, hasta que finalmente Jay pestañeó.

Estaba decidido. Barry había aguantado más tiempo sin pestañear, así que sería él quien enviaría a Akivo.

—No dejes que nada le suceda —dijo Jay.

—¡Por supuesto!

Se quedaron de pie, como solían hacer antes de despedirse. No importaba cuánto tiempo pasaran juntos, siempre les quedaba la sensación de que faltaba alguna otra idea por discutir u otra broma que hacer antes de separarse.

—¡Barry, cariño, tenemos que alistarnos! —lo llamó su mamá.

Era hora.

Jay levantó la mano con el dedo meñique hacia arriba. A Barry le tomó unos segundos reconocer la señal especial que le habían inventado a Akivo para que la energía de su estrella secreta de poder,

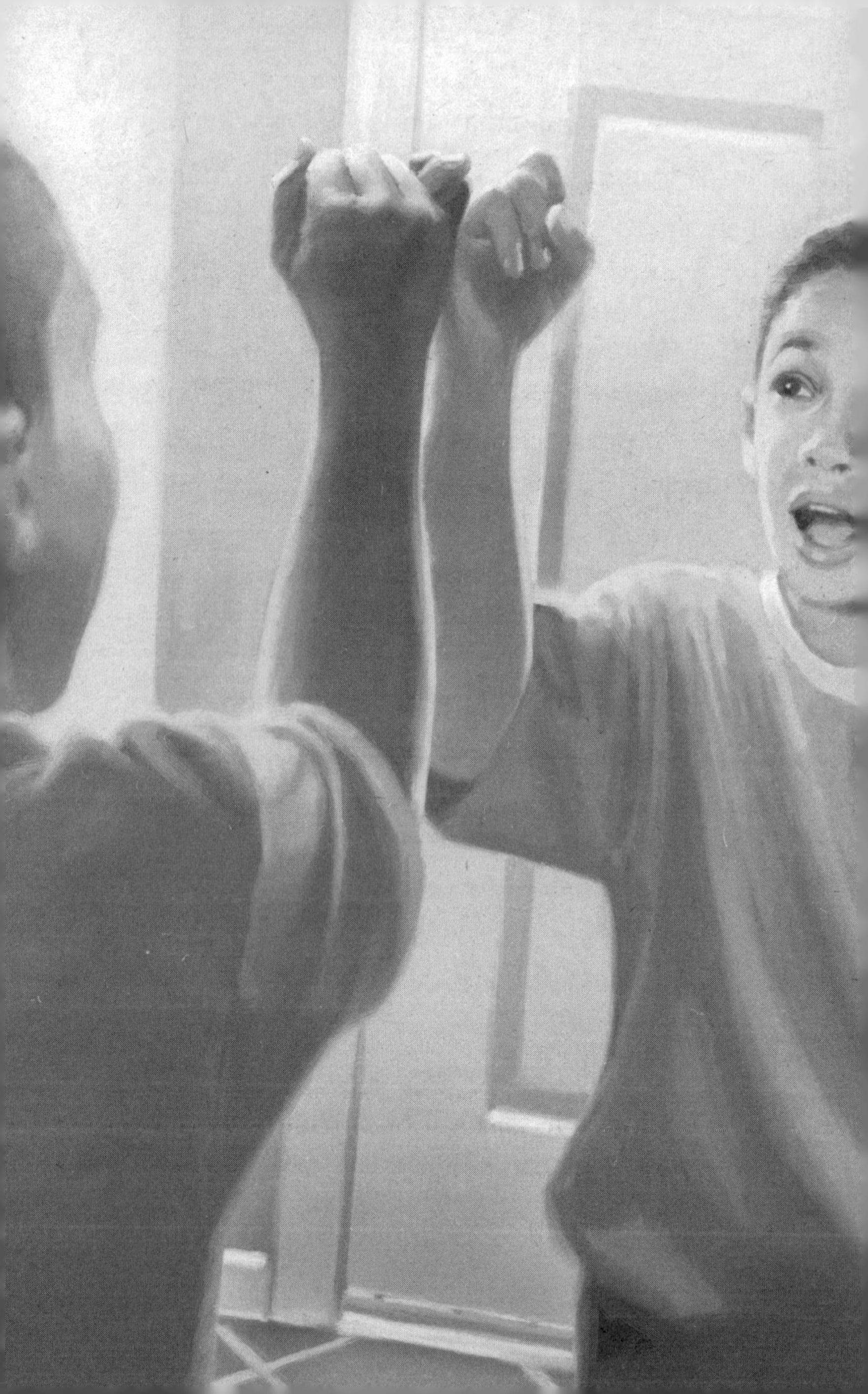

Beta Draconis, fluyera desde el meñique hasta el corazón.

Barry también levantó la mano, entrelazando su meñique con el de Jay.

Sonrió. Por unos segundos, imaginó que tenía su propia estrella de poder en alguna parte.

CAPÍTULO 5

—"Katrina es ahora un gran huracán de categoría cinco —dijo el hombre de la radio—, con vientos de ciento setenta y cinco millas por hora. Esa es la intensidad máxima que puede alcanzar un huracán. Las olas alcanzarán veinte pies de altura. El huracán se dirige hacia nuestra hermosa ciudad. Viene directamente hacia nosotros. Esta es la tormenta que todos temíamos. Es hora de evacuar. Es hora de...".

La mamá de Barry apagó la radio.

—Suficiente —dijo suavemente—. Ya te escuché. Nos vamos.

—¿Con quién hablas, mamá? —preguntó Barry.

La mujer parecía sorprendida de verlo.

—¡Lo siento, mi amor! —le dijo, volteándose y besándolo en la mejilla—. Ese hombre me estaba poniendo nerviosa.

Tenía tres neveras portátiles en el suelo junto a ella y las estaba llenando de comida para el viaje.

—¿Estás preocupada? —preguntó Barry, sacudiendo un poco de harina de la manga de su mamá, que había estado horneando toda la mañana.

—Para nada.

Barry sabía que estaba mintiendo. Su mamá siempre horneaba cuando estaba nerviosa. Y había empacado tantas magdalenas y galletas como para alimentar al equipo de los Saints.

—Ya estamos casi listos, ¿verdad? —preguntó la mujer.

Barry asintió. Había ayudado a su papá a sellar

las ventanas y había llevado los muebles del portal y la casita de princesa de Cleo al cobertizo.

—¿Necesitas algo más?

—Busca a tu hermana —le dijo su mamá—. Ha estado muy rara esta mañana. Necesito que utilices un poco de tu magia con ella.

Barry encontró a su hermana llorando en la cama.

—¿Qué pasa, Cleo? —le preguntó.

—Mi casita de princesa —gimió la niña—. ¡Esa señora se la llevó!

—¿Qué señora?

—¡Katrina!

Barry trató de no reírse. En el cerebro de tres años de Cleo, Katrina probablemente fuera una mujer vampiro enorme que volaba por los aires.

—Tu casita de princesa está segura en el cobertizo —dijo—. Y Katrina no es una señora sino un montón de nubes. Nosotros no les tenemos miedo a las nubes, ¿o sí?

Cleo miró a Barry con sus ojos enormes.

A Barry siempre se le ablandaba el corazón cuando miraba a su hermanita. Menos mal que no era un superhéroe, pues solo de verla llorar todos sus poderes se desvanecerían.

—¡Nos vamos a una aventura! —dijo—. ¡Y en las aventuras no se llora!

Cleo dejó escapar un suspiro.

—¿Vendrá Akivo con nosotros? —preguntó.

Por supuesto que Cleo sabía sobre Akivo. Durante semanas, había sido el protagonista de las historias que Barry le contaba a su hermanita antes de dormir. ¿Quién había rescatado a Blanca Nieves de la madrastra malvada? ¡Akivo! ¿Quién había salvado a los tres cerditos del gran lobo feroz? ¡Akivo!

Barry acercó la cara a la de su hermana.

—Creo que Akivo estará esperándonos esta noche en Houston —dijo.

No le gustaba engañar a Cleo, pero no era del todo una mentira. Akivo siempre se aparecía en sus sueños. Quizás su hermanita soñaría con él también.

—¿Nos progeterá?

—Exacto —dijo Barry—. Nos protegerá.

Cleo dejó escapar otro suspiro y asintió con valentía.

—No voy a llorar —murmuró.

Extendió los brazos para que Barry la cargara y este la haló hacia sí. La niña apoyó la cabeza sobre el hombro de su hermano y él la llevó en brazos hasta el auto.

Diez minutos después, ya estaban en la carretera.

CAPÍTULO 6

Atravesaron el Noveno Sur a toda velocidad y cruzaron el puente de St. Claude Avenue. Pasaron la pastelería donde la mamá de Barry trabajaba antes de que Cleo naciera; allí había aprendido cómo hacer el pastel de caramelo favorito del chico. El sueño de la mamá de Barry era abrir su propia pastelería. Ahora no tenían dinero para eso, "pero un día", decía siempre. Decía esas palabras tan a menudo que se habían convertido en el lema de la familia Tucker.

Un día el papá de Barry tendría un contrato con una compañía discográfica.

Un día se librarían del viejo y abollado Honda y se comprarían un auto nuevo.

Quizás incluso un día Barry no le tendría tanto miedo a Abe Mackay y a sus amigos.

Un día.

Avanzaron unas cuadras más en el auto, hasta que el papá de Barry se detuvo frente a Lightning's, el club donde tocaba con su banda casi todos los jueves por la noche. El dueño, Dave Rivet, era uno de los mejores amigos del señor Tucker. Barry lo conocía desde pequeño.

—¿Por qué nos detenemos? —preguntó el chico.

—Tu papá quiere asegurarse de que el tío Dave se va de la ciudad —dijo su mamá.

Dave vio el auto a través de la ventana y salió al encuentro de la familia. Su inmensa barriga parecía bailar mientras caminaba con una sonrisa en la cara que te hacía sentir que había estado toda la vida esperando por ti.

El señor Tucker sacó el brazo por la ventanilla

y le dio un apretón de manos. Su amigo le tiró un beso a la mamá de Barry; luego miró al asiento trasero.

—¡Hola, Barry! ¡Hola, princesa! —dijo, y sus palabras resonaron con su fuerte acento.

—Agarra tus cosas —dijo el papá de Barry—. Haremos espacio para ti.

Dave miró el pequeño espacio que había entre Barry y Cleo y se echó a reír.

—¿Me vas a amarrar al techo? —preguntó.

Pero el señor Tucker estaba hablando en serio.

—Están diciéndoles a todos que evacúen —dijo—. Eso te incluye a ti también.

—¡Alguien tiene que quedarse a cuidar la ciudad! —dijo Dave—. Dejaré el club abierto para que los amigos tengan adonde ir.

—No me parece una buena idea —dijo el papá de Barry.

—No le pasará nada a este lugar. Ni a mí tampoco.

Barry sabía que su amigo no cambiaría de opinión.

Le agarró la mano una vez más.

—Ten cuidado —dijo.

—Si cambias de opinión, estaré aquí —dijo Dave—. Ya se lo dije a algunos amigos: "No vayan al Superdome. Vengan al Lightning's". Tengo un generador y millones de perros calientes.

—Lo tendremos en cuenta —dijo el señor Tucker.

Dave le puso la mano en el hombro.

—Espero verte en el espectáculo de este jueves.

El papá de Barry sonrió y arrancó el auto.

—¡Ojalá!

En cuanto se alejaron un poco, Barry no pudo resistirse.

—¿No es una mala idea que el tío Dave se quede aquí? —preguntó.

—Este vecindario generalmente no se inunda —le dijo su papá—. Está a mayor altura que el resto de la ciudad.

—Y, seamos honestos, si hay alguien que puede hacerle frente a un huracán, es Dave —dijo su mamá.

Tomaron la Interestatal 10, pero a medida que avanzaban, había más tráfico. Pronto tuvieron que detenerse.

Barry bajó la ventanilla y sacó la cabeza. La fila de autos y camiones se extendía hasta donde alcanzaba a ver. El aire caliente y pegajoso apestaba a humo de tubos de escape.

El señor Tucker encendió la radio y comenzó a apretar los botones hasta que sintonizó un informe de tránsito. Las noticias no podían ser peores: había un gran atasco de cientos de millas en las carreteras que conducían fuera de la ciudad.

—Esto tomará todo el día —dijo la señora Tucker dulcemente, sacando una magdalena de arándano de una de las neveras portátiles.

El papá de Barry le dio una palmadita en la pierna.

Cleo estaba molesta, y el chico trató de distraerla con una de sus historias.

Después de una hora, el auto seguía sin moverse.

El señor Tucker tuvo que apagar el aire acondicionado para que el motor no se recalentara.

Cleo se quejó, lloriqueó y finalmente se quedó dormida.

Pasó otra hora. Se habían movido apenas unos pies. La camisa de Barry estaba empapada en sudor. A ese ritmo, pasarían horas antes de que pudieran llegar a la autopista, y luego tendrían que manejar más de trescientas millas.

¿Qué pasaría si la tormenta los atrapaba en la carretera?

Antes de que Barry pudiera hacer aquella pregunta, Cleo se despertó y empezó a llorar. El chico se inclinó sobre ella tratando de alcanzar el peluche favorito de su hermana, y una ola de sopa caliente le cayó en el regazo. Qué demo...

Solo que no era sopa.

Cleo había vomitado. Volvió a vomitar, esta vez sobre la parte posterior del asiento delantero, y de nuevo sobre el piso del auto.

Hubo un momento de silencio y, de pronto, la niña rompió en llanto.

—¡Buuaaaaahhhhhhh! —gimió.

El desagradable olor inundó el auto. Barry se

cubrió la cara con las manos, lo que hizo llorar más a Cleo.

Su mamá se zafó el cinturón de seguridad y se abrió paso hasta el asiento trasero, mientras su papá hurgaba en la guantera buscando servilletas.

La mamá de Barry comenzó a limpiarle la cara a su hija.

—¡La niña tiene fiebre! —dijo.

Barry extendió la mano para tocar la frente de su hermana. ¡Estaba hirviendo!

—¿Qué le pasa? —preguntó, con el corazón acelerado.

—Seguro es un virus —respondió su papá—. Se pondrá bien.

La mamá le dio un poco de agua a Cleo.

—Todo está bien, mi amor —le dijo—. Trata de calmarte. Pronto te sentirás mejor...

Pero Cleo vomitó otra vez, y otra. Empezó a llorar tan fuerte que la gente de los otros autos comenzó a mirar por las ventanillas.

Los padres de Barry se miraron, y el chico supo

exactamente lo que estaban pensando: De ninguna manera podían subirse a la autopista con Cleo en ese estado.

Como era de esperar, el señor Tucker se salió de la carretera y comenzó a conducir de vuelta a casa.

CAPÍTULO 7

Cleo vomitó durante todo el día. Barry trató de ayudar a tranquilizarla, pero ni siquiera él podía conseguir que dejara de llorar. Su mamá logró comunicarse con su médico de cabecera, que se había ido a Baton Rouge. El médico le dijo que había una gripe estacional y que tomaría al menos un día más para que la niña comenzara a sentirse mejor.

Los padres de Barry sopesaron la idea de irse al Superdome, pero el locutor de televisión había dicho que ya había diez mil personas en el estadio deportivo, y miles de personas más esperaban afuera.

—"Se comenta que no hay suficiente agua y comida en el estadio —dijo el locutor—. Y si cortan la electricidad, el sitio será un horno del calor".

Entonces apareció en pantalla un hombre a quien no habían dejado entrar porque había llevado consigo a su perrito.

—"Dijeron que no permitían mascotas —afirmó el hombre, mostrando el perro a la cámara—. ¡Pero no puedo abandonar a mi perro!".

Después de ver la multitud en la televisión, Barry se sintió aliviado de que sus padres decidieran quedarse en casa.

Durante la tarde, mantuvo los ojos fijos en el cielo. Alrededor de las seis en punto, el viento comenzó a soplar. El cielo se tornó gris con rayas plateadas.

Pero lo más extraño era el silencio. La manzana estaba desierta. No había motocicletas haciendo ruido ni niños riéndose y gritando; no se escuchaba música ni el rebote de las pelotas de baloncesto. Normalmente, los árboles estaban llenos de pájaros y las ranas croaban en la hierba, pero ahora no se veía un pájaro por todo aquello y no se oía ni el más mínimo ruido.

Alrededor de las diez de la noche, el viento y la lluvia arreciaron.

Barry y su papá estaban sentados en el sofá de la sala. En la televisión transmitían las eliminatorias de béisbol, y el señor Tucker había preparado un banquete con papitas, salsa y refrescos. Cleo y su mamá se habían quedado dormidas en la habitación grande.

Al principio, el viento parecía gemir. Más tarde se le escuchó aullar y, finalmente, empezó a chillar tan alto que el señor Tucker tuvo que subir el volumen de la tele. Barry se acercó a su papá.

Pronto se comenzaron a escuchar otros ruidos.

Pum, pum, pum.

—Es la lluvia golpeando el techo metálico del cobertizo —dijo su papá.

¡Catapún!

—Ups, se soltó una canaleta.

¡Pumba!

—Alguien perdió un pedazo de cerca.

El señor Tucker continuó mirando el juego y comiendo papitas. Barry recordó el viaje en avión a Nueva York que había hecho con su padre el verano anterior. Después de una hora en el aire, se adentraron en una tormenta. ¡Qué manera de moverse el avión! Parecía que un gigante lo hacía rebotar como una pelota de baloncesto. Los relámpagos iluminaban el cielo. Una mujer que estaba sentada frente a Barry comenzó a llorar. El piloto pidió que todos se sentaran, incluso las aeromozas. El avión se zarandeó con tanta fuerza que el chico pensó que una de las alas se desprendería.

Y, en medio de aquella conmoción, su papá se puso a leer un libro serenamente. A cada rato, le daba una palmadita en la pierna.

—Tremendo viaje —le decía, sin apartar los ojos del libro, sin siquiera mirar los relámpagos o la cara de pánico de las aeromozas.

Así que Barry mantuvo los ojos fijos en la cara de su papá. Mientras este estuviera sereno, no había de qué preocuparse.

Finalmente, el avión dejó de moverse y salió de entre las nubes al cielo azul despejado.

Más tarde, cuando iban en un taxi rumbo a la ciudad, Barry le preguntó a su papá cómo pudo mantenerse tan calmado.

—¿En qué estabas pensando?

—En "Blueberry Hill".

Barry no lo podía creer.

—Cuando me pongo nervioso, comienzo a cantar "Blueberry Hill" en mi cabeza.

El chico conocía la canción. Había sido un superéxito de Fats Domino, el ciudadano más famoso del Noveno Sur. Fats se había hecho rico cantando mucho antes de que su papá naciera, pero nunca se mudó del vecindario. A él y a Jay les encantaba pasar por su casa amarilla. A veces Fats estaba en la entrada y los saludaba.

Ahora Barry miraba a su papá mientras el viento aullaba y chillaba.

—Oye, papá —le dijo—, ¿estás cantando "Blueberry Hill" en tu cabeza?

Su papá se rio. Le tiró un brazo por encima y lo acercó a él.

—Nah, estaba escuchando la linda melodía que hace el viento.

—Suena como el aullido de los lobos.

—Nah —dijo su papá.

—Fantasmas.

—No me parece.

El señor Tucker inclinó la cabeza y entrecerró los ojos para escuchar con atención. Luego apagó la tele y agarró su trompeta, que siempre tenía cerca.

El viento chilló una nota alta. El hombre se llevó la trompeta a los labios y comenzó a tocar.

El viento bajó el tono, y lo mismo hizo el papá de Barry.

Tocó suavemente, acompañando al viento, hasta que, después de un rato, el viento dejó de parecer tan terrible y comenzó a sonar realmente como una canción. No era tan linda como "Blueberry

Hill", pero era una canción, a fin de cuentas. Barry esbozó una sonrisa imaginándose a la señora voladora de Cleo. No era un vampiro, sino una cantante hermosa que entonaba una canción.

La casa se estremeció y repiqueteó, pero cuando la música de su papá llenó el aire, Barry comenzó a sentirse seguro.

Las luces brillaban. Su mamá y su hermanita dormían arropadas en la cama. Pensó en su abuelo dándole palmaditas a las paredes de la casa. En unas pocas horas, el cielo se tornaría azul de nuevo.

Había planeado quedarse despierto con su papá, para ayudarlo en caso de haber goteras y cuidar de Cleo y su mamá, pero el cansancio lo vencía.

Era el cansancio de todas las noches que había pasado trabajando en los detalles de Akivo... más la preocupación por su hermanita... Quizás podría descansar un poco, tomar una siestecita como las que hacía su mamá después de cenar y antes de comenzar a hornear.

Cerró los ojos y comenzó a alejarse y a alejarse...

De súbito, los abrió de nuevo.

Le tomó un minuto darse cuenta de que se había quedado dormido. La habitación estaba a oscuras, salvo por la luz centelleante de una vela en la mesa de la esquina. Debían haber cortado la electricidad.

Barry le echó un vistazo al reloj: eran las 6:35. ¡Ya había amanecido! Había dormido por horas.

¿Qué lo había despertado?

Un ruido. No había sido el viento, que aún aullaba, ni la lluvia, que caía ahora con mucha más fuerza que antes de quedarse dormido. No. Un nuevo ruido se escuchaba allá afuera. Una especie de silbido.

Se incorporó.

Una taza de café estaba en el suelo, medio vacía.

¿Dónde estaría su papá? ¿Se habría mejorado Cleo? ¿Y qué era aquel ruido extraño que lo había despertado?

Escuchó las pisadas de su papá en el piso de arriba. Se puso de pie, pero antes de poder dar dos pasos, la puerta delantera se abrió de golpe.

Una ola de agua entró a la casa y se arremolinó alrededor de sus piernas, tirándolo al suelo.

Se escuchó un grito, pero esta vez no era el viento.

Fue él mismo quien gritó.

CAPÍTULO 8

—¡Barry! ¡Barry! —gritó su papá, bajando las escaleras.

El señor Tucker chapoteó en el agua, agarró al chico por un brazo, lo levantó en peso y lo haló hacia la escalera. Los muebles y otros objetos flotaban como juguetes en una bañera: el nuevo sofá que la mamá de Barry había comprado con los ahorros de un año, la pequeña mesa cuadrada donde el abuelo solía jugar ajedrez, las fotos enmarcadas de los niños en la escuela.

¡El agua subía a toda velocidad! Le llegaba a Barry por la cintura cuando finalmente pudieron llegar a las escaleras... y seguía subiendo. Era como si la casa fuera un gran cubo y lo estuviera llenando la manguera más grande del mundo.

¿De dónde venía tanta agua? No recordaba que su abuelo hablara de ella.

La señora Tucker salió de su habitación con Cleo en brazos cuando Barry y su papá lograron llegar arriba. Miró escaleras abajo y se quedó sin aliento. Haló al chico con la mano que tenía libre, acercándolo a ella.

—El dique, Roddy —dijo.

—¿Se rompió el dique? —preguntó Barry, visualizando el Canal Industrial.

El canal tenía cinco millas de largo y era muy profundo. ¿Acaso esa era el agua que estaba entrando a su vecindario?

Sus padres estaban paralizados, mirando el agua que seguía subiendo.

El pánico se apoderó de él.

—¿Qué va a pasar? —preguntó—. ¿Qué vamos a hacer? ¿Qué... ?

Se le apagó la voz. No estaba siquiera seguro de querer saber las respuestas.

Todos se quedaron allí de pie, juntos, viendo como el agua subía.

—Tenemos que ir al ático —dijo el papá—. ¡Ahora!

El señor Tucker abrió la trampilla del techo y todos sintieron una ola de aire caliente. Barry había estado en el ático una sola vez en su vida. Era un espacio diminuto, oscuro y caliente como un horno, con el techo tan inclinado que no se podía estar de pie.

Cleo comenzó a llorar.

—¡No! —gritó la niña—. ¡No quiero subir, no quiero subir!

Su papá la cargó.

—¡Cleo!

La niña trató de escapar, gritando y retorciéndose. No había manera de que subiera la desvencijada escalera.

—Todo estará bien —dijo Barry, agarrando la mano de su hermana.

—¡No! ¡No! —insistió la niña.

—Cleo —le dijo el chico, tratando de mantener la voz firme—, quizás Akivo esté allá arriba.

La niña suspiró. Dejó que su hermano la cargara y la abrazara, y apoyó la cabeza en su pecho. Aún estaba febril. Barry la sostuvo con fuerza.

Su papá mandó a la mamá a subir primero. Luego Barry puso a Cleo en la escalera y subió tras ella.

El padre subió de último y todos se sentaron juntos en la oscuridad. Estaban apretados, apenas había espacio para los cuatro. Había tanto calor que Barry casi no podía respirar. Apestaba a moho y polvo. Trató de no pensar en lo que estaría sucediendo justo debajo del piso del ático: todas sus pertenencias, los muebles, los juguetes de Cleo, los libros de cocina de su mamá, la trompeta de su papá y todas sus partituras estarían bajo el agua.

Y Akivo.

Estaba atrapado en algún lugar de su habitación.

Perdido.

Durante las últimas semanas, pensar en Akivo le provocaba una sensación secreta de felicidad: quizás él no era realmente el niñito tímido que había visto en el espejo del baño. Su amigo Jay y él habían creado algo único, especial. De algún modo, los colores brillantes del dibujo se le habían metido dentro.

Sin embargo, ahora esa poderosa sensación se desvanecía. Cada minuto que pasaba, se sentía más desamparado y aterrado. Cleo había empezado a llorar otra vez. Su mamá la sentó en su regazo y comenzó a mecerla y a cantarle suavemente para calmarla.

El nivel del agua había alcanzado el segundo piso. Podían escuchar el repiqueteo de los muebles golpeándose debajo.

¿Qué podrían hacer? ¿A dónde podrían ir?

El cuerpo le temblaba y la cabeza le daba vueltas.

Entonces, su papá se le acercó.

Le puso una mano en el hombro y puso la otra sobre el hombro de su mamá.

—Quiero que escuchen con atención —dijo dulcemente—. Estamos juntos, y mientras sea así todo va a estar bien.

Aun en la oscuridad, Barry podía ver los ojos centelleantes de su papá.

—Muy pronto esto habrá acabado —dijo el hombre—. Solo tenemos que resistir unas horas más.

La mamá de Barry le secó las lágrimas al chico.

—No podemos quedarnos aquí en el ático —dijo el papá—. Tenemos que subirnos al techo.

La mamá abrió los ojos y tragó en seco.

—Está bien —dijo.

—Pero no podemos salir —dijo Barry.

—Sí podemos —dijo su papá.

—¿Cómo?

—Tu abuelo.

Barry miró a su papá. Su abuelo había muerto tres años atrás y su papá no era de los que creía en ángeles. ¿A qué se refería?

El señor Tucker gateó hasta la esquina más oscura del ático y regresó con algo que parecía un palo. A medida que se acercaba, Barry pudo ver de qué se trataba: era un hacha.

—Tu abuelo siempre decía que un día habría otra gran tormenta —dijo su papá—. Mantuvo esta hacha aquí por cuarenta años, y se aseguró de que yo supiera dónde estaba.

A Barry le tomó un minuto darse cuenta de lo que su papá iba a hacer con el hacha.

—Bajen la cabeza —dijo el hombre.

La mamá acercó a los chicos hacia ella.

El señor Tucker levantó el hacha en alto y, tomando impulso, golpeó el techo.

CAPÍTULO 9

El agua alcanzó el ático en el momento en que el papá de Barry lograba abrir un hueco lo suficientemente grande como para que todos pudieran salir. El viento chillaba y la lluvia caía a cántaros.

—No se separen —gritó el señor Tucker—. Tenemos que estar juntos.

Cleo estaba tan aturdida que dejó de llorar. Fijó los ojos en la cara de su hermano y este hizo todo lo posible por parecer calmado, como había hecho su papá en el avión.

Su papá agarró un baúl que estaba en el ático y lo haló hacia el hueco, se subió en él y se impulsó hacia el techo.

—¡Barry! —gritó—. ¡Sube!

El chico se paró sobre el baúl. Su papá lo levantó por los brazos mientras su mamá le agarraba las piernas, empujándolo suavemente hacia arriba.

Se quedó sin aliento cuando sacó la cabeza a la intemperie. El viento era tan fuerte que no podía mantener los ojos abiertos. La lluvia caía con furia: se sentía como si un millón de abejas le enterraran sus aguijones en la cara. Su papá lo agarró y luego lo ayudó a acostarse boca abajo. El viento empujó al chico por la espalda, pegándolo al techo.

—¡Quédate ahí! —gritó su papá.

Cleo fue la siguiente en subir. Su papá la puso justo al lado de su hermano. Barry le echó el brazo por encima, aguantándola. Pronto, ambos estarían seguros entre los cuerpos de sus padres.

Todos se quedaron allí, juntos, sin decir palabra.

La mamá le cubría la cabeza al chico con un brazo, mientras el papá tenía una mano sobre su espalda. Estaban tan cerca los unos de los otros, que Barry podía sentir los latidos del corazón de su hermanita y el aroma a jabón de limón de su mamá.

Tenía los ojos cerrados. Apenas comenzaba a sentirse un poco más tranquilo cuando se escuchó un ruido en un borde del techo. Algo se había estrellado contra la casa.

Cleo se incorporó súbitamente, aunque con dificultad, escapando de los brazos de sus padres.

—¿Akivo? —exclamó la niña.

El viento la empujó hacia delante. Su mamá pegó un grito.

Barry extendió la mano y agarró a Cleo por la parte trasera de su camisa. Su papá la agarró por el brazo y la halaron hacia ellos.

El corazón de Barry palpitaba a toda velocidad.

Lograron acostar nuevamente a Cleo. Pero antes de que Barry pudiera volver a guarecerse entre sus padres, una ráfaga de viento lo zarandeó y cayó de lado.

—¡Barry! —gritó su papá, extendiendo la mano.

El chico estiró el brazo con la esperanza de que su papá lo agarrara, pero comenzó a resbalar hacia atrás y su mano abanicó el aire.

Comenzó a caer.

Abajo.

Abajo.

Abajo.

Lo último que vio antes de sumergirse en el agua fue la mirada de terror de su papá.

CAPÍTULO 10

El agua pareció subir a atraparlo en el aire, y una fuerte corriente lo arrastró. Barry luchaba por mantener la cabeza fuera del agua, para que no le entrara por la nariz y la boca. Se golpeó una pierna con un pedazo de madera, pero eso no lo detuvo.

Algo afilado le rasguñó el brazo. Su mano tropezó con un objeto grande y peludo, quizás una rata, mientras el agua arremolinada lo zarandeaba y lo arrastraba.

Y, entonces, *pum*, chocó con algo que lo paró en seco.

Era un árbol. Casi sin pensar, Barry se abrazó al tronco. El agua lo halaba, tratando de remolcarlo de vuelta a la corriente, pero él logró rodear el árbol con una pierna y luego con la otra. Se aferró a él con tanta fuerza que apenas podía respirar.

A duras penas, se las arregló para trepar poco a poco por el tronco. Era un roble. Todas sus ramas habían sido arrancadas, excepto una que se alzaba por encima del agua. Barry se impulsó hacia ella y se sentó en la *V* que hacía la rama al unirse con el tronco. Se aferró nuevamente a este, para evitar que el viento lo tumbara.

Apenas podía ver bajo la luz grisácea y la lluvia punzante, y lo que veía no parecía real: agua por todas partes. Se sintió como un náufrago en medio del océano.

El agua arrastraba ramas, tablas y otros restos de la tormenta. Entonces, pensó en la Atlántida, una ciudad perdida en el fondo del océano.

Había leído sobre ella en su libro de cómics favorito.

¿Sería eso lo que le sucedería a Nueva Orleans?

Presionó una mejilla contra el tronco. Le dolía todo el cuerpo. Sus manos estaban magulladas de trepar el árbol. Comenzó a llorar y el viento ahogó su llanto.

—¡Papá! —gritó—. ¡Mamá! ¡Cleo!

Gritó sus nombres hasta que le ardió la garganta.

El viento le devolvía sus gritos.

Entonces, escuchó un quejido profundo y un chasquido que se hizo eco por encima del viento.

Una imponente sombra se alzó sobre él.

Barry la miró conmocionado: era una casa que se acercaba flotando como un monstruo. Había perdido las puertas y las ventanas, y, al girar lentamente, dejó ver que le faltaba un costado.

Tenía que quitarse del medio. ¡Ahora!

Saltó al agua y por poco se hiere con un pedazo de vidrio. La casa golpeó estruendosamente el árbol y se quedó atorada allí.

La corriente comenzó a arrastrar al chico, pero

él luchó contra ella y se las arregló para nadar hasta la casa. Finalmente la alcanzó y se agarró del marco de una ventana, cuidando de no cortarse con los restos de vidrio que quedaban en el borde.

Un pedazo de madera cayó al agua justo a su lado.

Su brillante color azul celeste resplandeció en medio de la luz fantasmagórica.

Barry miró la casa.

¿Sería posible?

Sí. Era la casa de Abe Mackay.

Y eso no era todo.

Escuchó un ladrido feroz.

En algún lugar de esa casa desbaratada estaba Cruz, el perro asesino.

CAPÍTULO 11

Barry sintió que el corazón se le disparaba.

Ese perro estaba loco. ¿Y si lo atacaba?

Cruz ladró otra vez.

¡Tenía que salir de allí!

Pero entonces oyó un aullido quejumbroso que se elevó sobre el ruido del viento. Era el sonido más triste que había escuchado jamás. Más triste que el llanto de Cleo. Más triste que la canción que su papá había tocado en el funeral de su abuelo. Más triste que sus propios sollozos.

No parecían los aullidos de un perro asesino sino de un perro aterrado.

Cruz aulló una vez más, suplicando, implorando. "Ayúdenme por favor —parecía decir—. Ayúdenme, por favor".

Barry supo lo que tenía que hacer.

Se alzó como pudo, entró por la ventana y se dejó caer suavemente del otro lado. Estaba muy oscuro, pero podía ver figuras borrosas a su alrededor: un sofá flotando en una esquina, una lámpara rota y un gran armario boca abajo sobre el agua.

Cruz ladró con fuerza, como si supiera que la ayuda estaba en camino.

—¡Cruz! —gritó Barry.

El perro ladró de nuevo.

—¡Ya voy! —dijo el chico.

Barry se desplazó cuidadosamente. Sus zapatos habían quedado en la sala de su casa; las medias se le habían desprendido en la corriente. Tenía heridas en los pies y sabía que habría vidrios y clavos por todas partes.

Cruz gimoteaba muy alto ahora.

—¡No tengas miedo! —le gritó Barry.

El perro ladró como si entendiera.

Barry logró llegar a la escalera, que se alzaba por encima del agua. La casa estaba inclinada hacia un lado y se balanceaba al ritmo de las olas. Tuvo que agarrarse fuerte de la barandilla.

Cruz lo estaba esperando en la puerta de la habitación de Abe. Estaba amarrado a la cama, que había arrastrado hasta la misma puerta. En su afán por liberarse, tiraba tan fuerte que estaba a punto de estrangularse.

Barry se detuvo por un segundo, pensando en las historias escalofriantes que Abe le había contado sobre Cruz, pero cerró los ojos y tragó en seco.

Caminó hacia el perro, agarró el collar y zafó la correa.

Cruz dio un brinco y por un instante Barry pensó que había cometido un grave error, pero entonces el perro le lamió la barbilla y las manos. Restregó la cabeza contra las piernas del chico y luego se sentó, lo miró a los ojos y dio cuatro ladridos cortos.

“Gracias —parecía decir—. ¡Gracias! ¡Gracias! ¡Gracias!”.

Barry se inclinó hacia Cruz y lo acarició.

—De nada —le dijo.

El perro le lamió por última vez la nariz y luego lo miró.

“¿Y ahora qué? —parecía preguntar—. ¿Qué vamos a hacer?”.

Fue en ese momento que Barry se dio cuenta de que ya no estaba solo. Cruz y él estaban juntos.

CAPÍTULO 12

La pared trasera de la habitación de Abe había desaparecido, pero había un lugar cerca de las escaleras donde Barry y Cruz pudieron refugiarse del viento y la lluvia. Se sentaron allí por unos minutos, hasta que el perro comenzó a gimotear.

—¿Qué pasa? —preguntó Barry.

El perro jadeaba.

—¿Tienes sed? ¿Quieres agua?

Cruz movió la cola.

Barry sabía que no habría agua en ningún grifo,

pero quizás habría botellas de agua en algún lugar de la cocina.

Bajaron por las escaleras inclinadas.

—Quédate aquí —le dijo a Cruz, apuntando hacia el descanso. No quería que el perro se metiera en el agua sucia.

Pero Cruz no le hizo caso. Parecía estar pegado a su pierna.

Se abrieron paso hasta la pequeña cocina. Los platos flotaban junto a cajas y latas de comida, pero no había nada de beber.

Barry abrió con fuerza la puerta del refrigerador y una alegría inmensa lo recorrió al ver doce latas de refresco, un poco de queso, perros calientes, pan y una enorme botella de agua en la parte superior del mismo.

—Estamos de suerte —le dijo a Cruz.

Echó un vistazo en busca de algo en qué llevarse la comida. Vio una bolsa de plástico flotando en una esquina y se inclinó para alcanzarla, pero antes de que la pudiera agarrar, Cruz soltó un feroz ladrido y empujó al chico.

Una sombra larga y oscura apareció por debajo de la bolsa de plástico para luego desaparecer en el agua turbia.

¡Una serpiente!

Barry se quedó quieto, paralizado del miedo.

¿Acaso era un mocasín de agua?

Recordó la historia más aterradora que su abuelo le había contado sobre el huracán Betsy: uno de sus amigos había sido mordido por un mocasín de agua mientras atravesaba las calles inundadas.

"El agua estaba llena de serpientes venenosas —le había dicho su abuelo—. Mordieron a mucha gente".

Barry se estremeció.

Agarró toda la comida, los refrescos y el agua que pudo y subió las escaleras a toda velocidad, rogando que las serpientes no pudieran subir.

Había un tazón metálico en la habitación de Abe. Lo llenó de agua hasta arriba. Cruz lo vació y él lo llenó otra vez.

El chico se tomó dos refrescos y abrió el paquete de perritos. Cruz se comió cuatro, uno detrás del otro. Barry se preparó un sándwich de queso y le dio las cortezas al perro.

Cuando terminaron, se recostaron a la pared. Cruz se echó sobre las piernas de Barry y lo miró con una expresión de agradecimiento.

El chico le acarició la cabeza.

—No eres un perro asesino, ¿verdad? —dijo.

Cruz lo miró y jadeó.

El perro probablemente había venido del refugio del centro de la ciudad. Abe no podía darse el lujo de comprar un perro del ejército chino ni aunque quisiera. Había inventado la historia del perro asesino para asustarlos a él y a Jay.

—Pronto la tormenta habrá terminado —dijo.

El viento parecía comenzar a debilitarse.

Barry vio el miedo y la confusión en los ojos de Cruz, que no le quitaba la vista de encima.

¿Qué podría hacer?

Entonces se le ocurrió algo.

—Encontré mi emoción... —comenzó a cantar— en Blueberry Hill...

Cruz le lamió la barbilla. Le gustaba la canción.

—La luna se detuvo... —siguió cantando Barry—, en Blueberry Hill.

El perro apoyó la cabeza sobre la rodilla del chico y cerró los ojos.

Pronto los párpados de Barry también comenzarían a cerrarse. Dejó de cantar y se recostó para descansar, arrullado por el recuerdo de la canción y por el suave balanceo de la casa, acostumbrado ya a los vientos y la lluvia de Katrina.

CAPÍTULO 13

Cruz ladraba desorbitadamente.

Barry se despertó.

El perro estaba justo en el extremo de la habitación donde faltaba la pared, pero miraba al chico mientras ladraba.

"¡Ven! —parecía decir—. ¡Ven a ver!".

Algo tronó en el cielo. La casa vibraba y se balanceaba.

¿Qué estaba pasando?

¿Acaso era un tornado? ¿Un terremoto?

¡No! ¡Era un helicóptero!

Sobrevoló bajo y el remolino de aire agitó el agua.

Barry podía ver al piloto a través del parabrisas. Era un hombre joven y parecía estar mirándolo.

—¡Cruz! —exclamó—. ¡Vinieron a rescatarnos!

Saludó al piloto agitando la mano.

—¡Aquí! —gritó—. ¡Aquí! ¡Estamos aquí!

"Se acabó", pensó. ¡Lo habían logrado! ¡Pronto estarían a salvo! ¡Pronto estaría de vuelta con su mamá, su papá y Cleo!

Agitó los brazos.

El helicóptero sobrevoló durante otro minuto, pero, de pronto, se elevó y se fue.

¿Estaría dando vueltas? ¿Acaso se acercaría por el otro lado?

Barry esperó y esperó, pero el sonido del helicóptero se volvió cada vez más distante, hasta que dejó de escucharse completamente.

—¡No! —gritó—. ¡Regresa!

Cruz lo miró confundido.

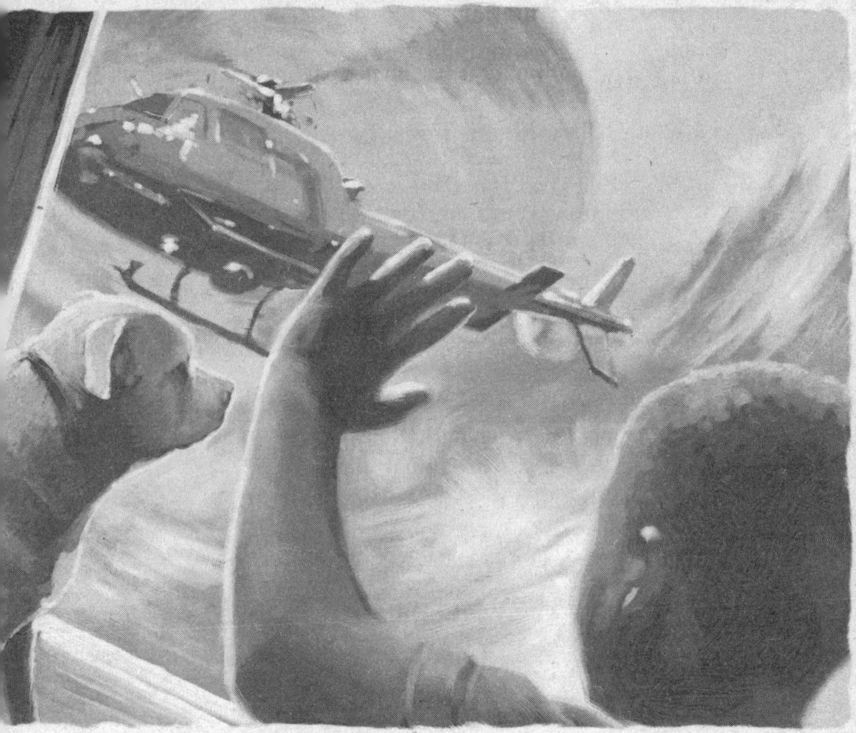

Barry sintió ganas de llorar, pero quería ser fuerte, por Cruz.

—Lo siento —dijo, tratando de mantener la calma—. Pensé que vendrían por nosotros.

El remolino de viento creado por el helicóptero había agitado el agua y ahora la casa se balanceaba con tanta fuerza que Barry cayó al suelo. Cruz aulló. Antes de que el chico pudiera incorporarse, escuchó que algo caía al agua violentamente.

¡Había sido Cruz!

Barry se precipitó hacia la parte abierta de la casa y miró por encima del borde.

Buscó al perro, pero solo veía un revoltijo de tablas y ramas. Algo se asomó en medio de los escombros, pero luego desapareció. ¡Era Cruz! Estaba enredado, tratando de mantener la cabeza fuera del agua.

Barry contuvo el instinto de saltar a rescatarlo. Estaba a unos diez pies de altura por encima del agua, y podría caer sobre algo afilado que estuviera flotando.

—¡Ya voy, Cruz! —gritó, deslizándose por el borde de la casa.

Se quedó colgando durante un minuto, hasta que vio una gran tabla que se acercaba flotando. En el momento en que la tabla pasó por debajo de él, se lanzó. Cayó al agua, pero consiguió agarrar la tabla antes de zambullirse. Logró subirse completamente a ella y se dirigió hacia Cruz. El perro estaba atrapado entre dos ramas.

Haló la rama más grande y agarró a Cruz por el collar.

—Te tengo —le dijo, acercando al perro y poniéndole un brazo por encima.

Cruz le lamió la mejilla y le metió el hocico en la oreja, como si quisiera decirle un secreto.

—Lo sé —dijo Barry—. Eso fue aterrador. Pero estamos bien y ya estamos a salvo.

Aunque realmente no lo estaban.

Barry sentía que el agua contaminada le quemaba la piel y le ardían los ojos a causa de los gases. Cruz debía sentir molestia también.

No era posible volver a la casa destartalada de Abe. Él no sería capaz de alzar al perro hasta la ventana, y tampoco podían mantenerse flotando así.

A lo lejos, vio el techo de una casa asomado a la superficie, pero estaba demasiado distante como para nadar hasta él. Entonces vio un auto que flotaba acercándose a ellos. Estaba volcado, como una tortuga patas arriba. Quizás Cruz y él podrían ir sobre el auto hasta el techo de aquella casa.

Se impulsó con todas sus fuerzas, agarrando al perro con una mano y la tabla con la otra, hasta que lograron llegar al auto y saltar sobre él. Barry se agarró de uno de los neumáticos y Cruz no se movió de su lado. El auto avanzó lentamente hacia la casa: parecía que lo estuvieran manejando.

Cuando estaban a unos pocos pies de distancia, el chico se puso de pie y esperó a recuperar el equilibrio para poder saltar.

—¡Vamos! —le dijo a Cruz.

Ambos saltaron del auto al techo de la casa.

El perro resbaló, pero esta vez Barry lo agarró antes de que se cayera. Subieron tambaleándose hasta una parte que estaba seca, en lo más alto del techo.

Barry se sentó y Cruz se acostó en su regazo.

De pronto, el chico sintió un cansancio que jamás había sentido en su vida. Apoyó la barbilla sobre la cabeza del perro.

Escuchó ladridos y aullidos de animales que estaban en los alrededores. Recordó el boletín de noticias que decía que las mascotas no serían admitidas en el Superdome. Debía haber cientos de perros y gatos desamparados. Miles quizás.

También personas. A lo lejos, escuchó voces de gente que pedía ayuda. Cruz y él no eran los únicos que necesitaban ser rescatados.

La luz del cielo se fue apagando y el sol se escondió. Barry y Cruz continuaron sentados juntos. Ninguno de los dos se movía. Barry tenía sed, pero no había agua potable. Los mosquitos comenzaron a rondarlos, y eran demasiados.

No había nada que hacer.

Y no había adónde ir.

CAPÍTULO 14

Las estrellas aparecieron en el cielo, más estrellas de las que Barry jamás imaginó.

¿Acaso una de ellas sería Beta Draconis, la estrella secreta de Akivo?

Beta Draconis era una estrella real. Jay y él habían encontrado el nombre en un libro de astronomía en la biblioteca. Aprendieron que había miles y miles de millones de estrellas en el universo, más que granos de arena en cada playa y desierto del planeta. Todas parecían estar fuera esa noche.

Miró al cielo y señaló una de las más brillantes.

—¿Ves esa estrella, Cruz? —susurró—. Esa es la de Akivo.

Probablemente no fuera verdad, pero, en ese momento, decidió creer que lo era.

El perro miró al cielo y sus ojos marrones se llenaron de luz. Barry y él apoyaron la cabeza uno contra el otro. Muy pronto, pareció que el cielo los envolvía como una manta brillante que los protegería de los terribles sonidos, olores e imágenes de su arruinado vecindario.

Estuvieron sentados durante horas en el pedazo de techo seco. Algunos botes pequeños pasaron cerca de allí.

Barry los llamó, pero nadie parecía escucharlo.

Finalmente, uno de los botes desaceleró.

Realmente no era un bote. Era más bien una balsa.

Una balsa inflable amarilla con motor.

La conducía una mujer más joven que su mamá, que acercó la embarcación a ellos y se detuvo a unos pies de distancia.

—Hola, campeón —dijo la mujer con una voz suave.

Tenía la piel muy oscura, ojos enormes y docenas de largas y finas trenzas que parecían bailar alrededor de su rostro. Barry la miró, seguro de estar viendo visiones. Era como un hada... una hermosa hada en una balsa inflable amarilla, salida de una de las historias que le contaba a Cleo antes de dormir. No obstante, era real. La mujer se bajó de la balsa y, con sus altas botas de goma, caminó por el techo de la casa hasta llegar a Barry.

Le pasó la mano a Cruz por la cabeza. El perro no gruñó. Al igual que el chico, parecía hipnotizado.

—¿Cómo te llamas? —preguntó la mujer.

Barry tenía la garganta seca e inflamada, pero logró decir su nombre.

—Yo me llamo Nell —dijo ella—. ¿Dónde está tu familia?

Barry miró a su alrededor, al agua infinita.

Sus ojos se llenaron de lágrimas.

Nell le puso las manos sobre los hombros.

—¿Qué te parece si los saco a ti y a tu amigo de

aquí? —preguntó—. ¿Te parece un buen plan?

Barry se enjugó los ojos y de alguna manera logró pronunciar la palabra "Sí".

Él y Cruz subieron a la balsa tras Nell.

La mujer le pasó una botella de agua. También le llenó una taza al perro y la sostuvo mientras este bebía. Barry se tragó el agua de un solo buche, casi atragantándose. Cuando terminó, respiró profundo. Abrió la boca para decir "Gracias", pero el único sonido que le salió fue un sollozo. De pronto, las lágrimas comenzaron a rodarle por la cara.

Se apartó de Nell.

La muchacha lo había llamado "campeón". ¿Por qué no podía actuar como tal?

Finalmente había salido de aquel techo, pero ahora todo el terror que había sentido antes regresaba poco a poco. Sintió que se encogía, como si el miedo ardiera en su interior y él se estuviera derritiendo.

—Nos dirigimos al puente de St. Claude Avenue —dijo Nell—. Allí hay gente que te podrá ayudar.

Por supuesto que habría policías y bomberos,

médicos y enfermeros. Barry sabía lo que sucedía después de los desastres. Lo había visto en las noticias. Se imaginó una gran carpa en el puente, con catres colocados en filas perfectamente alineadas. Le darían ropa limpia, más agua y comida. Allí la gente sabría cómo localizar a su familia.

Respiró profundo.

Nell zigzagueó cuidadosamente entre el laberinto de árboles caídos y escombros. Había gente varada en los techos que les gritaba cuando pasaban en la balsa.

—¡Socorro!

—¡Tenemos un bebé aquí!

—¡Estamos heridos! ¡Por favor, ayúdennos!

—¡Regresaré! —les gritó Nell a unos y a otros—. ¡Resistan! ¡Regresaré! —Susurró una plegaria—. Hay miles de personas varadas aquí en el Noveno Sur —le dijo a Barry—. Ya he recogido a más de treinta.

Finalmente, el puente se vislumbró a lo lejos.

Desde esa distancia, Barry podía ver que no había carpas, ni luces de patrullas, ni camiones de bomberos o ambulancias.

Otras balsas, tan pequeñas como la de Nell, se dirigían al puente, dejaban a algunos y regresaban a recoger más gente. Había al menos cien personas allí, familias abrazadas, parejas de ancianos sentados en el suelo; la gente deambulaba aturdida.

¿Acaso Nell lo dejaría solo en ese lugar?

CAPÍTULO 15

Nell arrimó la balsa inflable a la rampa que conducía al puente. Una parte del puente estaba bajo el agua, pero la parte del medio era lo suficientemente alta como para mantenerse seca.

La mujer apagó el motor.

—Estarán bien aquí —dijo—. Están llevando a la gente al Superdome. Alguien te ayudará allí.

Barry quería creerle, pero él sabía que, incluso antes de que comenzara la tormenta, había demasiada gente refugiada en aquel estadio y no había suficiente agua y comida. ¿Cómo sería ahora?

Además, no le permitirían entrar con Cruz.

El miedo se apoderó nuevamente del chico.

Un hombre se acercó corriendo.

—Perdona —le dijo a Nell, respirando con dificultad—. Estoy tratando de encontrar a mi abuela. Está allá afuera sola, sobre el techo de su casa. Necesito llegar a ella, necesito...

—Te llevaré —dijo la mujer.

El hombre asintió, secándose una lágrima.

—Gracias —susurró—. Gracias.

Barry sabía que tenía que bajarse de la balsa. Nell tenía que ayudar a otras personas de la misma manera que lo había ayudado a él.

La mujer se inclinó y le alzó la barbilla con la mano.

Por un segundo, no dijo nada. Solo lo miró a los ojos, como si hubiera allí algo que valiera la pena mirar.

—Eres un guerrero —le dijo sin un ápice de duda en la voz.

Barry no se sentía como tal. El cuerpo le temblaba mientras se bajaba de la balsa.

Cruz lo siguió. Se pararon en la rampa y vieron como el hombre que necesitaba ayuda empujaba la balsa al agua y se subía a ella.

Nell saludó a Barry inclinando la cabeza y el chico de pronto pensó que no la volvería a ver. La mujer encendió el motor y la balsa se alejó.

Mientras los veía desaparecer en la distancia, las palabras de la mujer resonaron en su cabeza.

"Eres un guerrero. Eres un guerrero".

Y, de pronto, no era la voz de Nell la que escuchaba en su cabeza, sino su propia voz.

"Soy un guerrero. Soy un guerrero".

¿Lo era realmente?

Estaba allí de pie, asustado, llorando, con las piernas temblorosas como ramitas mecidas por el viento.

Pero ¿acaso eso significaba que no era fuerte?

Pensó en todo lo que había pasado. Cómo se había caído del techo de su casa y había sido arrastrado por el agua. Cómo se había aferrado a aquel árbol y trepado a él. Cómo había resistido al viento y a la lluvia. Cómo había salvado a Cruz. Cómo habían logrado atravesar tantos escombros hasta llegar a aquel pedacito de techo seco.

Había sentido miedo todo el tiempo.

Pero aquí estaba, parado en tierra firme, y sano y salvo.

Miró al cielo. Allí estaba su estrella brillante.

La que él había escogido.

En ese momento supo que, sin importar cuán asustado estuviera, encontraría su camino.

O alguien lo encontraría a él.

Pasó una hora y entonces escuchó una voz familiar.

—¡Barry! ¡Barry!

Otras voces gritaron su nombre a coro, como en una canción.

Su papá fue el primero en llegar a él, luego llegaron su mamá y Cleo.

Sus brazos lo envolvieron, y se quedaron así por un largo rato.

La familia Tucker y Cruz: una pequeña isla en medio del inmenso mar.

CAPÍTULO 16

SÁBADO, 29 DE SEPTIEMBRE DE 2005
RIVERSIDE PARK, NUEVA YORK

Barry estaba sentado en un banco a la sombra. Sus padres estaban muy cerca, viendo a Cleo trepar por los pasamanos. Cruz tomaba una siesta a los pies del chico, que tenía un cuaderno de bocetos y miraba absorto un nuevo dibujo de Akivo. Lo había terminado esa mañana, como le había prometido a Jay, quien creía que todavía podían participar en la competencia e incluso llamó a las oficinas de Acclaim desde la casa de su abuela en Birmingham para asegurarse.

—Les conté lo sucedido —dijo—. El hombre dijo que todavía estábamos a tiempo, ¡y que quieren conocerte!

Eso no sorprendió a Barry.

Había pasado un mes y Katrina seguía siendo la noticia más importante del país. Cada vez que encendía la tele o subía a un taxi con sus padres, alguien estaba hablando del huracán.

—"Este es el peor desastre que se ha vivido en Estados Unidos".

—"Es una tragedia nacional".

—"Una gran ciudad estadounidense ha sido destruida".

Todos querían escuchar su historia: los niños de su nueva escuela, el hombre que les hacía los sándwiches en la cafetería de la esquina, los extraños que escuchaban a su mamá hablando en el banco; todos querían saber sobre Katrina. Escuchaban asombrados, y luego todos decían más o

menos lo mismo: que eran unos afortunados.

Barry sabía que eso era verdad.

Su mamá le había dicho que había sido un milagro que lo encontraran en el puente. Algunas familias estuvieron separadas durante días o semanas. Algunos todavía no habían encontrado a sus parientes.

Y, por supuesto, muchas personas habían muerto: más de mil. Aún estaban encontrando víctimas.

Barry tenía pesadillas por la tormenta. No dormía bien. Hasta el sonido de la ducha cuando su papá entraba a bañarse por la mañana lo ponía nervioso.

Pero sí, sabía que era afortunado.

Más afortunado que las decenas de miles de personas que estuvieron varadas durante días en el caluroso y aterrador Superdome. Más afortunado que las personas que se habían quedado encalladas en puentes, autopistas y techos.

Su familia no había ido al Superdome. Había ido al Lightning's. Se quedaron con Dave un par de días y luego tomaron un autobús a Houston. Dave cerró el club y se fue a Baton Rouge. Hasta él se dio cuenta de que la ciudad no era segura.

Las primas de Houston les dieron albergue durante una semana. Los padres de Barry estaban pensando buscar un apartamento cerca y mudarse a Houston cuando recibieron una llamada del director de aquel famoso instituto de música de Nueva York. Si el señor Tucker aceptaba, tenía una plaza impartiendo clases sobre la música de Nueva Orleans.

También le ofrecían un apartamento amueblado para toda la familia.

A la semana ya se habían mudado.

Se llevaron a Cruz con ellos. Ahora era parte de la familia. La Cruz Roja había ayudado al señor Tucker a localizar a Abe y a su abuela en Little Rock, Arkansas. Abe habló con Barry por teléfono y le pidió que cuidara a Cruz.

—No es un perro asesino —dijo.

—Me lo imaginé —respondió Barry.

Ambos rieron. Lloraron un poco también, cuando hablaron del vecindario.

Barry tenía la esperanza de ver otra vez a Abe algún día.

Sus padres se acercaron y se sentaron junto a él en el banco. Cleo los saludaba desde el tobogán.

Su papá miró el dibujo de Akivo.

—Te quedó espectacular —le dijo.

—Gracias —dijo Barry, que prefería este dibujo al original.

Ahora Akivo tenía un compañero, un perro con orejas caídas, y también un ángel de la guarda: una hermosa hada que viajaba en una balsa inflable amarilla.

—Akivo se parece a ti —le dijo su mamá.

—Es verdad —dijo su papá—. Yo también noto el parecido.

Barry miró fijamente el dibujo y comprendió lo que sus padres querían decir. El rostro de Akivo se parecía al suyo.

—Supongo que te sentirás casi como un superhéroe —dijo su mamá.

—Nah —respondió Barry, sonrojado.

Pero, en realidad, sí se sentía como un superhéroe. En medio de la tormenta, había descubierto algunos de sus poderes.

Cuando llegó la hora de regresar al apartamento, fue a buscar a su hermana a los columpios.

Entonces la escuchó cantando "En Blueberry Hill..." y sonrió. Su papá le había dicho que, mientras estaban en el techo, había cantado un millón de veces esa canción. Había saltado al agua tras él para tratar de agarrarlo, pero la corriente era muy fuerte. Con dificultad, logró regresar al techo con su mamá y con Cleo. Los tres pasaron la tormenta allí. Su mamá le dijo que su papá gritó su nombre tantas veces que perdió la voz.

Caminaron de vuelta a la calle Broadway. Barry empujaba el coche de Cleo.

Su mamá señaló una dulcería que tenía un cartel de "Se busca empleado" en la ventana. Su papá dijo que irían más tarde al zoológico del Bronx o al Museo de Historia Natural.

—Hay tanto que ver —dijo su mamá.

—Tenemos mucho tiempo —dijo su papá.

Y era cierto. Tenían tiempo, pero no para siempre.

Barry sabía que algún día regresarían al lugar donde pertenecían: Nueva Orleans.

¿Cuándo ocurriría?

¿Cuándo se recuperaría su ciudad?

No les hizo esas preguntas a sus padres.

Él ya sabía las respuestas.

Un día.

Un día.

DESPUÉS DE LA TORMENTA: PREGUNTAS SOBRE KATRINA

Por muchos años antes de la llegada de Katrina, los expertos advirtieron que los diques de Nueva Orleans no eran lo suficientemente fuertes como para resistir el paso de un poderoso huracán. En agosto de 2005, las peores predicciones se volvieron realidad. Los vientos de 125 millas por hora de Katrina levantaron una gigantesca ola que fue desde el Golfo de México hasta los canales y lagos de los alrededores de Nueva Orleans. Toda esa agua hizo presión contra los diques y muchos de ellos fueron destruidos: algunos se desmoronaron como castillos de arena. Millones de galones de agua entraron a la ciudad.

Alrededor de mil personas se ahogaron en las primeras horas de la inundación. A otras decenas de miles les sucedió lo que a los Tucker: quedaron atrapadas en una pesadilla, luchando por sobrevivir mientras sus casas se inundaban. Miles de personas fueron rescatadas de techos y áticos, a menudo por voluntarios como Nell. Cerca de 50.000 personas quedaron varadas en el Superdome, bajo un calor agonizante y sin agua o comida suficientes. La ayuda se demoró cinco días en llegar y pasó otra semana antes de que todos pudieran ser evacuados.

Durante las semanas y los meses después del paso de Katrina, muchos se preguntaron si la gran ciudad estadounidense lograría recuperarse algún día. El daño había sido enorme. Decenas de miles de casas, escuelas, hospitales, estaciones de policía, carreteras y comercios habían sido destruidos. No había electricidad ni agua potable, y el ochenta por ciento de la ciudad estaba cubierta de aguas contaminadas con químicos y desperdicios. Los 440.000 residentes de Nueva Orleans se desperdigaron por todo el país.

Pero Nueva Orleans sobrevivió y años después continúa recuperándose, edificio por edificio, casa por casa, árbol por árbol, carretera por carretera, familia por familia. El setenta y cinco por ciento de los residentes ha regresado. Para los visitantes, la ciudad sigue siendo tan animada como solía ser, con su música y su comida inolvidables, sus hermosos edificios y jardines y sus vibrantes calles llenas de energía como las de ninguna otra ciudad del país.

Sin embargo, en algunos de los barrios más pobres y afectados la recuperación ha sido dolorosamente lenta. Si Barry regresara hoy al Noveno Distrito Sur, vería a muy pocos de sus vecinos sonriendo en la entrada de sus casas. La mayor parte del Noveno Sur aún sigue abandonada. Solo el diecinueve por ciento del vecindario ha regresado.

Me he dedicado a estudiar docenas de desastres

naturales en mi vida: terremotos y erupciones volcánicas, naufragios, tormentas de nieve y huracanes; pero ninguno de esos fenómenos me provocó tanta tristeza o tanta ira como las terribles historias de los sobrevivientes del huracán Katrina. ¿Por qué nuestros líderes no se ocuparon de proteger a la hermosa ciudad de Nueva Orleans y a sus residentes? Después de tantas advertencias sobre el peligro de inundaciones, ¿por qué no se hizo más por fortalecer los diques? ¿Por qué la ayuda tardó tanto tiempo en llegar a los damnificados?

Como escritora de ficción, pude darle a Barry y a su familia un final feliz, pero aun después de leer todo lo que encontré sobre la tormenta, no pude encontrar las respuestas a esas preguntas.

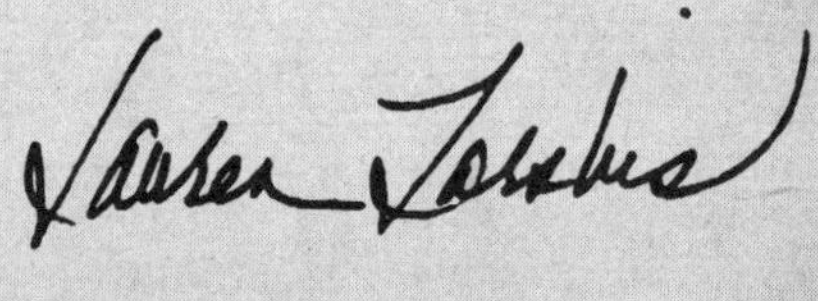

DATOS SOBRE EL HURACÁN KATRINA

- Fue uno de los peores desastres que han golpeado a Estados Unidos. Millones de personas en Luisiana, Misisipi y Alabama perdieron sus casas y comercios. El total de víctimas alcanzó la cifra de 1.800, incluyendo las 1.500 personas que perdieron la vida en la ciudad de Nueva Orleans.
- Más de 340.000 personas evacuaron la ciudad antes de la llegada de la tormenta, pero alrededor de 100.000 se quedaron atrás. Muchas de ellas estaban demasiado viejas o enfermas como para hacer ese viaje. Otras no tenían un auto o no podían pagar los gastos de una evacuación: gasolina para los autos; boletos de

tren, autobús o avión; habitaciones de hotel. Algunas pensaron que la tormenta no sería tan fuerte como se había pronosticado.

- Entre las que quedaron atrás estaba Fats Domino. El famoso músico, que en aquel momento tenía 77 años, estaba con su familia en su casa en el Noveno Sur. Como la casa de los Tucker, la de Domino se inundó rápidamente cuando el dique del Canal Industrial se rompió. Fats Domino y su familia se refugiaron en el ático. Fueron rescatados al día siguiente y pasaron el resto de la semana en el Superdome antes de tomar un autobús hacia Baton Rouge y finalmente volar a Texas. Su famosa casa amarilla aún está en pie, pero en ruinas.
- Katrina también desencadenó una crisis para los animales de Nueva

Orleans. Las mascotas fueron prohibidas en el Superdome y, después de la tormenta, a muy pocas personas se les permitió llevarlas en los autobuses que salían de la ciudad. Decenas de miles de mascotas quedaron abandonadas, sin agua y sin comida, después de la tormenta.

- Durante las semanas siguientes, la Sociedad Humana de Estados Unidos organizó el mayor rescate animal de la historia. Cientos de voluntarios de todo el país fueron a Nueva Orleans. Irrumpieron en las casas cerradas, rescataron a perros y gatos que se habían subido a los techos o a los árboles; incluso rescataron cerdos y cabras. Muchos animales fueron devueltos a sus dueños, otros fueron enviados a refugios por todo el país para ser adoptados por nuevas familias.

- Los estadounidenses donaron más de mil millones de dólares para ayudar a las víctimas del huracán Katrina. Otros países también donaron. El mayor donante fue el gobierno de Kuwait, que envió 500 millones de dólares.
- Katrina fue el huracán número 50 en pasar por el estado de Luisiana.

Foto por David Dreyfuss

Lauren Tarshis es la editora de la revista *Storyworks* y la autora de las novelas *Emma-Jean Lazarus Fell Out of a Tree* y *Emma-Jean Lazarus Fell in Love*, ambas aclamadas por la crítica. Vive en Connecticut y puedes encontrarla en **laurentarshis.com**.